CONSIDÉRATIONS

SUR

L'HISTOIRE DU SECOND EMPIRE

ET SUR

LA SITUATION ACTUELLE DE LA FRANCE

Par un MEMBRE DE L'INSTITUT

ANCIEN MINISTRE

TROISIÈME ÉDITION

PARIS

A. SAUTON, LIBRAIRE-ÉDITEUR

41, rue du Bac, 41

1872

Ceci est la troisième édition non augmentée, mais *réduite*, d'une brochure publiée (1) sous le même titre en 1871.

Les deux premières éditions de cet écrit contenaient, outre une partie historique destinée à placer sous son véritable jour l'histoire du gouvernement tombé, certains aperçus relatifs à l'organisation future de la France.

Cette dernière partie des *considérations*, sans être désavouée par l'auteur, lui a paru avoir un peu vieilli par les faits accomplis depuis le commencement de 1871, et il l'a considérablement restreinte.

Il se borne aujourd'hui à rééditer, surtout avec de légères retouches, ses considérations historiques, qu'il croit le résultat d'observations exactes et équitables, même en ce qui touche son rôle secondaire personnel au milieu des événements qu'il résume.

L'auteur a cherché à systématiser ses impressions et ses souvenirs sur la chute d'un régime qu'il a servi loyalement, quoique parfois avec quelque tristesse.

L'année écoulée depuis la date de la deuxième édition n'a pas amené de modifications sérieuses au point de vue de l'écrivain.

Il s'est entendu objecter, il est vrai, qu'il avait un peu devancé le temps et émis des jugements qu'on formule le plus souvent, pour la première fois, quelques années après les événements. Mais il a cru devoir accepter ce reproche, si c'en est un.

Suivant la pensée indiquée en tête d'un livre instructif par un auteur qui a narré récemment, d'une manière estimable, les annales contemporaines de la Suisse, comment l'histoire peut-elle être écrite avec vérité et utilité immédiate, si les témoins des événements n'osent pas joindre à leurs souvenirs personnels, précieux mais périssables, une impartialité dérobée par leur conscience à la demi-indifférence de l'avenir ?

(1) *Considérations sur l'histoire du second Empire et sur la situation actuelle de la France.* Aurillac, 2e édition, mai 1871.

CONSIDÉRATIONS

SUR

L'HISTOIRE DU SECOND EMPIRE

ET SUR LA SITUATION ACTUELLE DE LA FRANCE

Un de nos livres sacrés nous représente le Juste dans l'infortune, recevant de la sévérité de ses amis moins des consolations que des reproches.

Ce n'est pas une attitude semblable que nous voudrions ni aurions le droit de prendre au regard des douleurs de notre patrie. Cependant il nous a semblé qu'un examen sans faiblesse des causes de nos malheurs et un aperçu des nécessités générales de notre politique future pouvaient avoir des conséquences utiles, au milieu de la crise redoutable imposée à la France, représentée depuis quinze mois par une assemblée sortie de circonstances troublées, et dont la voie n'est pas moins semée de difficultés que celle de ses nombreuses devancières.

Nous lisions en 1870, dans un journal étranger, que l'Allemagne était supérieure à la France par le plus grand amour de la vérité.

Sans ratifier cette proposition, agissons comme si elle était vraie, et cherchons quelques remèdes à nos maux dans une véracité radicale et consciencieuse.

Inutile de dire que nous tendrons à une impartialité complète, nous détachant de tout système de réaction vers le passé comme de tout entraînement passionné contre les pouvoirs tombés.

Peut-être un grand contraste doit-il d'abord fixer l'attention de quiconque se préoccupe d'analyser notre situation et les causes de nos souffrances:

Il y a un siècle que la France et l'Allemagne du Nord avaient, l'une relativement à l'autre, une situation considérablement différente de celles qu'elles ont aujourd'hui.

Sans doute les ressources de l'Empire germanique avaient frappé l'attention de quelques penseurs (1); mais la Prusse ne songeait guère à rivaliser d'une manière sérieuse avec cette France, au roi de laquelle il pouvait appartenir, suivant le mot de Frédéric II, qu'il ne se tirât pas en Europe *un coup de canon sans sa permission.*

Depuis ce temps, l'Allemagne et la France ont cherché l'une et l'autre, avec émulation, les voies du progrès. Mais elles ont poursuivi ce but avec des différences qui s'imposent à l'attention de l'observateur.

Il est vrai que l'Allemagne a pu accomplir à son profit, dans l'agrégation de ses populations, des progrès que la France avait déjà opérés et en quelque sorte épuisés au siècle dernier dans son organisation intérieure.

Mais, d'autre part, les développements des deux pays se sont accomplis avec des caractères entièrement opposés.

Au delà du Rhin, le progrès a été graduel, lent et mesuré dans sa marche pacifique, éclairé par la science et par l'étude des faits étrangers (2).

(1) Montesquieu le jugeait dans les termes suivants : « Ombre du premier empire, mais qui est, je crois, la seule puissance qui soit sur la terre, que la division n'a point affaiblie, la seule je crois encore qui se fortifie à mesure de ses pertes et qui, lente à profiter des succès, devient indomptable par ses défaites. » (*Lettres persanes;* 136e lettre.)

(2) « Aucun peuple n'étudie davantage les idées étrangères, et

En deçà du Rhin, le progrès a été plus vif, mais intermittent, souvent violent et, sauf quelques emprunts plus ingénieux que rigoureusement scientifiques (1) faits à la constitution politique de la Grande-Bretagne, habituellement gouverné par les inspirations exclusives de l'esprit national.

Ne dirait-on pas que le caractère un peu emporté et dominateur de Louis XIV s'est répété dans les tendances de notre nation elle-même? Un docte académicien au moins a cru pouvoir parler récemment au sujet de la France (2) *des excès où elle a porté alternativement la domination ou la révolte.*

Ce n'est point, en effet, par voie d'introduction méthodique que la démocratie a pris place dans nos institutions en 1789.

Comme le *Tiers-Etat* de Sieyès, elle semble, après avoir été *rien*, avoir voulu immédiatement être *tout.*

Les principes de 1789, expression absolue de tendances généreuses, mais considérées parfois sans égard suffisant aux conditions de leur application pratique, ont bientôt fait place à des essais constitutionnels dépourvus de bases solides.

La Constitution de 1791 a glissé naturellement dans celle de 1793, et la société française a vu entreprendre un essai d'extermination de certains de ses éléments, par une démagogie aussi violente dans ses actes qu'ignorante des lois du développement des sociétés, où ce qui

cette curiosité a fini par leur porter bonheur. » (*L'Esprit des Allemands*, par A. Morel et Ed. Gérimond, p. 8.)

(1) L'idée de la science est difficilement admise par les Français dans certains domaines où elle est acceptée ailleurs. Ainsi la France n'a jamais eu un enseignement administratif comparable à celui dont l'Allemagne paraît se trouver fort bien. Chez nous malheureusement l'idée de savoir les choses sans les avoir apprises n'appartient pas exclusivement aux personnages chez qui Molière a cru spécialement la trouver.

(2) *Moniteur universel* du 18 décembre 1870. Edition de Bordeaux. (Article de M. Franck.)

ne s'accomplit pas graduellement manque presque toujours de solidité.

L'éruption des passions démocratiques mises fatalement en lutte avec les mauvais vouloirs de l'Europe se divisa bientôt en un double courant dont les relations sont un sujet d'études très-importantes pour notre histoire moderne.

Arrêtée dans son œuvre de *terreur* et de destruction intérieure par la voix de l'humanité, par l'épuisement des victimes et par l'entre-déchirement des bourreaux, la Révolution française sembla s'épancher d'autant plus au dehors. Elle agrandit le territoire de la France et sema autour d'elle quelques imitations de ses institutions.

Un homme d'un génie surprenant vint prononcer encore plus fortement cette transformation. Il absorba presque complétement le courant de la démocratie à l'intérieur et porta à ses dernières limites son expansion extérieure. Il ne tint aucun compte, dans ses conquêtes, des particularités d'origine, de sympathies et de langage qui deviennent au contraire la base de l'agrégation des hommes placés sous des institutions représentatives, institutions dont l'avenir, il est vrai, ne paraissait au commencement du siècle nullement assuré en Europe.

Napoléon Ier introduisit à la suite de ses armées victorieuses quelques principes de liberté civile chez les nations qui nous avoisinaient, et il donna à des soldats de la Révolution française une part dans les dépouilles de voisins humiliés ou conquis.

La démocratie oubliait les chaînes imposées à l'intérieur de la France pour jouir des succès du dehors. Quand un patriote comme Kléber avait rêvé d'entraver la grandeur du Consul, il avait été arrêté par la crainte des ennemis de la France (1).

(1) *L'Algérie*, par le baron Baude, t. II, p. 268.

Ce fut donc à certains égards le champion de la démocratie qui succomba en 1814 et en 1815 ; et l'Europe pensa compléter sa victoire en favorisant le rappel au trône de la branche aînée des Bourbons.

La France fut à peu près ramenée à ses frontières de 1789. Les atteintes que Napoléon Ier avait portées par ses conquêtes à ce que l'on a appelé depuis le *Principe des nationalités*, firent en partie place à des modifications en sens inverse, quoique moins considérables. Il y avait en Savoie et dans le midi du royaume des Pays-Bas, tel qu'il fut alors constitué, des territoires où notre langue était parlée, écrite avec talent (1), et qu'il eût été sage et naturel de laisser à la France.

L'organisation de l'Italie, à cette même époque, eut pour résultat de la placer sous l'influence étrangère de l'Autriche.

Le Bonapartisme, refoulé dans l'opposition, se confondit bientôt avec le libéralisme, alarmé des tendances de l'ancienne émigration qui avait repris quelque crédit à la suite de ses anciens chefs rapprochés du pouvoir.

La coalition de ces deux éléments, armée des ressources de la presse et de la tribune, renversa en 1830 le trône de Charles X.

Les deux courants qu'on avait pu remarquer dans l'opposition contre la Restauration se dessinèrent de nouveau après la révolution de 1830. Les uns songeaient davantage à l'extension du suffrage et aux garanties politiques, les autres voulaient une politique étrangère favorable à la propagande révolutionnaire. On se rappelle les vœux assez ardents pour secourir l'insurrection polonaise et pour la reprise des luttes extérieures,

(1) Presqu'au temps où, dans l'Alsace encore restée germaine par la littérature sinon par le cœur, Pfeffel, écrivait *en allemand* des poésies estimées, les frères de Maistre, Savoisiens, et compatriotes de Vaugelas, ajoutaient leurs noms à la liste de nos meilleurs prosateurs.

vœux manifestés après 1830 dans une partie de la nation.

L'isolement de la Belgique d'avec le reste du royaume des Pays-Bas atténua un peu l'atteinte que les traités de 1815 avaient portée à ce que l'on appelle de nos jours le *respect des nationalités.* Mais le souverain que les circonstances avaient fait monter au pouvoir n'avait ni dans son caractère, ni dans les tendances de cette partie de la société française qui avait le plus applaudi à son élévation, rien qui pût l'engager à diriger le courant démocratique vers l'extérieur. Toute aventure de ce genre fut repoussée avec un soin extrême pendant son règne. La démocratie ne déserta pas toutefois ce terrain, et si elle fit des efforts considérables pour des questions intérieures, elle fut loin de se contenter du retour des cendres de Napoléon Ier pour désintéresser certaines de ses aspirations. Son esprit ne fut pas absolument étranger à ces démonstrations de 1840 qui laissèrent tant de traces dans le peuple allemand (1). Plusieurs de ses représentants réclamaient à l'égard de l'Europe une attitude plus exigeante que celle du Gouvernement de Louis-Philippe, et contribuèrent à affaiblir sa popularité en lui reprochant des résolutions prétendues de paix *à tout prix.*

C'est dans ces circonstances que la Révolution de 1848 s'accomplit ; l'établissement d'un régime politique entièrement nouveau et sur des bases presque oubliées de la France absorba les préoccupations de la Nation.

La République de 1848, acclamée dans l'Assemblée Constituante avec un enthousiasme un peu décevant et incomplétement sincère, peut-être, de la part de quelques-uns, ne pouvait avoir de racines très-profondes dans l'opinion publique.

Comment en eût-il été autrement d'un régime auquel

(1) V. *Lutèce*, d'Henri Heine, p. 15 de la préface et *passim.*

ne pensait, en 1847, qu'une minorité infime de la nation ?

Cependant la République évita sagement toutes les violences dont son nom avait un instant rappelé le sinistre souvenir. Mais elle eut peu d'habileté financière et ne sut en rien intéresser les masses à son avénement. Aussi la nation se montra-t-elle bientôt moins républicaine que ses législateurs. Nul homme ne personnifiait avec un prestige suffisant le changement immense apporté tout à coup à la constitution traditionnelle du pays, et un orateur du temps, qui accomplissait avec loyauté sa promesse de coopérer à l'essai de l'établissement républicain (1), se voyait contraint, pour soutenir un mode d'élection indirect du président de la République comme seul favorable à l'avenir de la constitution, d'indiquer que la France ne possédait point de citoyen dominant la situation, comme l'Amérique du Nord en avait eu au siècle dernier. Il confessait sous ce rapport, au risque de blesser l'amour-propre du général Cavaignac, une des grandes difficultés que paraît présenter l'établissement de la République pour des Etats qui n'y sont conduits ni par des Nassau ni par des Washington.

On vit bientôt la nation courir pour l'élection d'une magistrature républicaine à un prince connu par des entreprises monarchiques et qui s'était annoncé comme l'héritier des vengeances de Waterloo.

En partie faussée par cette élection, la constitution de 1848 sembla désavouée une seconde fois par le vote d'un grand nombre de membres de l'Assemblée législative qui, sans pouvoir atteindre la majorité spéciale voulue pour la révision de la constitution, émirent un vœu moralement puissant dans ce sens.

C'est contre la constitution de 1848 ainsi ébranlée que le coup d'Etat fut accompli.

Nous n'aimons pas la violence inhérente aux coups

(1) M. de Parieu, représentant du Cantal

d'Etat et nous ne les avons jamais loués, même quand on le disait profitable : mais nous voudrions que les constitutions fussent assez sages pour qu'un coup d'Etat ne servît jamais à rassurer une nation. La rééligibilité du Président que nous désirions vivement en 1851, eût peut-être modifié le cours des destinées de la France.

Le second Empire, presque fondé dès le 2 décembre 1851, crut devoir accepter dans son interprétation la plus large le suffrage universel introduit en 1848, et profita des satisfactions que la stabilité espérée des institutions politiques répandit dans une grande partie de la société française, en ranimant de toutes parts la confiance et l'esprit d'entreprise. On sait qu'un grand développement des travaux publics ayant été plus tard rattaché à cette situation, il en résulta une incontestable prospérité matérielle dans tout le pays. Toutefois, après l'établissement de libertés parlementaires plus étendues que celles de l'origine, libertés qu'on avait à certain moment demandées plus ou moins naïvement *comme en Prusse*, on ne peut nier que la force du gouvernement à l'intérieur s'était un peu affaiblie, et on avait pu prévoir des dangers que même, sans la guerre de 1870, un avenir démocratique croissant aurait probablement développés.

Au sujet des affaires étrangères, et dès le principe, la politique du second Empire n'avait pas été sans difficultés réelles quoique latentes. A l'exception de la Russie qui affecta des scrupules sur la forme de la reconnaissance du nouveau régime, l'empressement de toutes les puissances envers Napoléon III avait été grand et il a excité la surprise de quelques écrivains (1).

Toutefois, ce souverain nourrissait la grave et épineuse préoccupation de rendre à la France un reflet de cette gloire qui avait été le caractère le plus brillant, bien que fatal, de l'établissement dont il avait repris

(1) Voyez les articles intéressants de M. le comte d'Haussonville, dans divers n^os^ du *Journal de Toulouse*, de décembre 1870.

le nom, et dont il évoquait, au moins quant aux apparences, plusieurs institutions politiques. Peut-être n'était-il pas renseigné complétement sur les véritables et complexes causes de la popularité de son nom dans les classes rurales de la France.

Il savait qu'une assez grande partie de la nation elle-même avait paru reprocher au roi Louis-Philippe des tendances trop pacifiques, et il regardait dès lors comme d'autant plus impérieux le legs qu'il pensait avoir recueilli dans la succession redoutable, à laquelle il n'avait pas, suivant nous, appliqué les précautions d'un bénéfice d'inventaire assez défiant. Ce legs était celui d'une revanche à prendre des malheurs de 1814 et de 1815, résumés dans des traités qu'un homme déjà très-important sous le Gouvernement de 1830 voulait se borner à *détester*.

D'un autre côté, le tempérament et l'éducation de Napoléon III n'étaient pas aussi fortement militaires que les préoccupations de sa jeunesse et que les prédestinations qu'il pouvait rattacher à son nom et à sa mission de famille, comprise avec une fidélité plus honorable pour l'homme privé que pour le politique.

Souvent aussi, d'après ce qu'on a entendu dire à un de ses anciens ministres, aujourd'hui descendu dans la tombe les tendances pacifiques d'une grande partie de notre société combinaient leur influence dans le cœur du souverain avec ses instincts personnels de père. Alors s'ébranlait sans doute en lui le sentiment de la mission qu'il s'attribuait, comme mandataire d'une démocratie, considérée surtout par lui au point de vue des sympathies qu'elle avait montrées pour les grandeurs du premier Empire.

Plusieurs de ceux qui ont connu Napoléon III ont signalé quelque indécision dans son caractère. En matière de politique extérieure, cette attitude était d'après ce qui précède, facile à comprendre.

Il arriva même à ce prince de dire un jour : *L'Empir*

c'est la Paix. Ne put-il jusqu'à un certain point se l'imaginer, par une illusion partielle faite à ses propres yeux? Sa pensée était, suivant nous, de chercher une partie des résultats de la politique incessamment guerroyante et quelquefois brutale de son oncle, par des voies plus douces et à l'aide de périodes de paix fécondes en courtoisies pour les vaincus, intercalées entre les guerres qui constituaient cependant les échelons nécessaires du plan imposé à ses ambitions de famille.

Après la guerre de Crimée qui, par son théâtre éloigné, était peu périlleuse pour la politique impériale, celle d'Italie apparut en quelque sorte comme l'acceptation ostensible du legs tacite supposé dans le testament du premier Empire.

Aussi, quoique combattue par quelques esprits prudents, parmi lesquels on a cité M. de Parieu, qui fit à ce sujet auprès de l'Empereur diverses démarches dont l'insuccès lui causa un vif découragement (1), cette guerre eut-elle l'adhésion d'une grande partie de la démocratie française? Ce fut au milieu d'un enthousiasme immense, marqué d'un cachet très-populaire, que l'Empereur se rendit au chemin de fer de Paris à Marseille, sur la route qui aboutit à Magenta et à Solferino.

Cependant les triomphes flatteurs de cette courte campagne, la paix conclue à Villafranca avec une rapidité habile, les annexions qui en furent la suite et qui, jusqu'à un certain point, furent moins chaudement accueillies par la France que Napoléon III aurait pu le penser, devaient donner naissance à de grands malheurs.

On a, suivant nous, peut-être un peu exagéré quelquefois l'inconvénient pour la France de l'Italie unifiée par le développement d'une pensée dont le germe re-

(1) La seule lettre de M. de Parieu trouvée dans les papiers des Tuileries, écrite le 16 août 1865 et tronquée dans divers journaux, fait allusion au silence épistolaire gardé à l'égard de l'Empereur par le vice-président du Conseil d'Etat depuis 1859.

monte à Louis XV (1), parce que, même sous cette forme l'Italie n'est pas devenue une nation guerrière. On a moins insisté sur deux autres inconvénients sérieux de la guerre d'Italie, la division jetée entre les hommes d'ordre dans l'intérieur du pays, par la question romaine, et les défiances éveillées au dehors chez divers Etats. Tel fu spécialement le cas pour la Prusse qui s'était préparée à secourir l'Autriche au moment de la paix de Villafranca et qui avait raison de s'effrayer dès que la politique tendant à la vengeance de Waterloo se laissait entrevoir davantage.

Il ne suffisait pas cependant que la Prusse fût effarouchée pour que nos dangers commençassent. Il fallait encore que des hommes supérieurs lui fussent donnés pour diriger sa politique. On ne peut nier qu'elle a été puissamment servie sous ce rapport par divers hommes d'Eta et de guerre qui se sont trouvés à sa tête. Dès 1865, l'auteur de ces lignes, en lisant à propos de la question des duchés danois, quelques dépêches du comte de Bismark, crut deviner en lui l'homme qui pourrait jouer un rôle analogue à celui du baron de Stein contre le premier Empire français. Il n'avait prévu qu'à demi, en ce qui concerne l'habileté et les succès du nouveau champion de l'Allemagne.

Retourner contre la France le principe des nationalités, jusqu'à un certain point imposé aux époques démocratiques, d'après plusieurs écrivains, mais que nous avions de propos délibéré favorisé au delà des Alpes ; répondre à la formation d'une Italie dotée d'institutions tendant à la démocratie et dont le souverain avait donné sa fille au cousin de l'Empereur, par la formation d'une Allemagne plus aristocratique et conduite par les vainqueurs de 1814 et 1815 ; s'allier même à l'Italie en 1866,

(1) V. dans Flassan (*Histoire de la Diplomatie*, 2e édition, t. V, p. 315) de curieux détails sur le plan de la République ou Confédération italique par Louis XV et d'Argenson.

pour obtenir son concours dans la guerre contre l'Autriche, et contribuer à paralyser dans ce moment la France, dont le souverain désirait voir achevée l'entreprise de 1859, tels ont été les traits principaux d'une politique originale, hardie, profonde et dont est sortie la chute de notre second Empire.

On peut croire qu'habitué à jouer, depuis 1859, le rôle le plus influent en Europe, connaissant peut-être moins la Prusse que d'autres pays visités par lui dans sa jeunesse, l'Empereur ne comprit pas assez le caractère spécial de la puissance à laquelle il avait affaire, et qui déconcerta et surprit aussi en 1866 les prévisions que l'état-major français formait tout haut dans le sens des succès de l'Autriche.

La victoire remportée à Sadowa par la Prusse contre l'Autriche était-elle une humiliation pour la France? Oui, au point de vue des traditions dominatrices de Louis XIV et de Napoléon Ier, reprises en partie depuis 1852 ; non, au point de vue des idées plus récemment répandues sur la libre agrégation des peuples de même race et surtout du principe accepté dans l'organisation de l'Italie. Ajoutons qu'après Sadowa, la France conservait à l'égard de l'Allemagne, même en tenant compte de son accroissement à redouter du côté du Midi, l'avantage d'un sol plus fertile, d'une civilisation plus brillante, de frontières plus solides et d'une puissance maritime et coloniale dont l'Allemagne est jusqu'ici entièrement privée.

Napoléon III sembla d'abord résigné aux résultats de la guerre de 1866, et se montra satisfait d'avoir sauvé l'intégrité de l'Autriche. Celle-ci parut de son côté plus tard lui avoir promis, dans l'entrevue des deux Empereurs à Salzbourg, quelque chose de plus qu'une reconnaissance platonique, pour l'assistance qu'il lui avait donnée dans ses revers, en arrêtant dans une certaine mesure la Prusse victorieuse.

La circulaire de M. de Lavallette, à la fin de 1866, fut

l'expression d'une résignation qui pouvait chercher à se faire ratifier par le pays et qui s'expliquait en outre, a-t-on dit, par l'espoir, bientôt démenti, d'obtenir du vainqueur une rectification de notre frontière du nord-est, rectification qui fut au contraire définitivement refusée à notre diplomatie.

La circulaire que nous rappelons, peut-être moins fortement rédigée et moins commentée, avec conviction, à la tribune, qu'elle eût pu l'être, n'atteignit point le but difficile de calmer tous les amours-propres ; et le souverain se trouva en présence de ce double courant que nous avons signalé dans les sentiments de notre démocratie et qui divisait aussi la nation.

Une partie de l'opinion frémissait des accroissements de la Prusse et les reprochait à l'Empire. Une autre voulait les bienfaits de la paix, recommandait la fraternité des nations, les budgets militaires réduits et les levées en masse comme ressources éventuelles de la défense nationale préférables aux armées permanentes.

Le choix était épineux, d'autant plus que certains hommes, et nous touchons ici à une plaie vive de l'esprit français, embrassaient des idées un peu contradictoires, et se laissaient aller à caresser le droit de reprocher à l'Empereur l'humiliation de Sadowa, sans s'associer à aucun désir de la venger.

Triste résultat des divisions qui font de la chose publique l'enjeu des luttes de parti !

Une sorte de résultat moyen sortit des embarras de la situation.

La nouvelle loi militaire, dans laquelle Napoléon III avait voulu, dès l'abord, se rapprocher beaucoup du système prussien, ne procura dans la garde mobile, principal élément ajouté au corps de l'ancien système, qu'une force très-inférieure sous divers rapports aux landwehrs allemandes.

On fut plus heureux en substituant à l'ancien fusil à percussion le chassepot, très-préférable au fusil Dreyse de l'armée prussienne. La construction des mitrailleuses ne fut point inutile, quoiqu'on paraisse s'en être exagéré les avantages.

Mais, en résumé, tout en préparant la guerre, assez pour inquiéter la Prusse et pour épuiser la bonne volonté des Chambres françaises, on ne la prépara pas assez pour s'assurer la victoire.

Ici probablement intervint, avec ses conséquences fâcheuses, notre habitude nationale, formée au temps de notre ancienne supériorité, et qui consiste à ignorer volontiers ou à dédaigner un peu trop l'étranger.

S'il est vrai qu'un général français instruit ait été chargé de visiter la Prusse avec attention en 1869, ou son rapport a été incomplet par le manque d'auxiliaires et de moyens d'investigation suffisants, ou ses conclusions ont été étouffées par une présomption dont certaines sommités de l'état-major français n'auraient probablement pu se défendre.

Il nous semblait parfois, en 1869, que les rapports de l'armée prussienne et de l'armée française rappelaient le vers appliqué aux rivalités de César et de Pompée :

L'un ne veut point de maître et l'autre point d'égal!

L'incident de la candidature assez sournoise, assez provocante du prince de Hohenzollern au trône d'Espagne fut considéré en France par plusieurs comme une occasion de vider la querelle regardée comme inévitable.

Quelques militaires placés auprès de l'Empereur croyaient à l'intention arrêtée par la Prusse de nous attaquer à la première occasion favorable, et peut-être l'opposition apportée par M. de Bismark à l'acquisition du Luxembourg avait-elle laissé de vifs ressentiments.

C'est une triste observation, peut-être incontestable, qu'il n'y avait pas lieu, au point de vue de l'armement, d'attendre avec certitude une occasion beaucoup meilleure ou moins mauvaise, d'après ce que les résultats ont mi en lumière.

Les armements de la Prusse se développaient en effe chaque jour. Une réforme de sa mousqueterie, inférieur à nos chassepots, devait commencer en septembre 1870 et, d'un autre côté, le développement des formes et de idées parlementaires en France menaçait l'avenir de contingents, et pesait, dans certaine mesure, sur l chiffre futur des budgets de la guerre et de la marine

En dehors du parti guerrier, qui a été si malheureu sement choisi, il y en avait cependant encore deux : celu qui aurait consisté à continuer les armements en s'ap puyant sur l'incident Hohenzollern pour faire appel à l défiance des Chambres et du pays à l'égard de la Prusse et celui qui aurait cherché la paix dans l'acceptatio complète, pour le présent au moins, des résultats accom plis en 1866 et en répudiant toute pensée de lutte armé contre le développement du principe de nationalité e Allemagne. On peut et on doit penser, après l'événement que chacun de ces partis eût été au moins immédiatemen meilleur que celui qui a prévalu ; mais qui hésitera à dire qu'ils n'étaient, ni l'un ni l'autre, sans danger? L'impartialité oblige à reconnaître que des trois résolutions possibles, aucune n'était exempte de chances mauvaises et d'inconvénients, bien que, quant à nous, le dernier des partis indiqués fût celui vers lequel nous inclinions le plus.

Une sorte de *fatalité* pesait donc sur le second Empire. Il était poussé à la guerre par l'amour-propre de son passé, par diverses sommités de cette armée qu avait contribué à sa fondation, par plusieurs de ses amis fatigués peut-être des embarras de sa politique intérieure, embarras que le ministère du 2 janvier n'avai pu conjurer, malgré ses efforts et ses concessions, enfin par les doléances ou les reproches d'une partie de ses adversaires. Et il était cependant mal éclairé sur les chances de son succès et sur les forces réelles de cette

Allemagne que la diversité profonde de sa langue d'avec la nôtre a toujours plus abritée contre nos investigations que ne le font la Manche pour l'Angleterre, les Alpes et les Pyrénées pour les nations latines qui nous avoisinent (1).

Le ministère *à demi parlementaire* (2) du 2 janvier, remanié après le plébiscite, résista quelques jours aux pensées guerrières appuyées auprès du chef de l'Etat par plusieurs représentants de l'armée, qui considéraient les chances de la lutte comme extrêmement avantageuses à la France, par divers membres du Sénat et du Corps législatif, par une notable partie de la presse parisienne et de la nation.

Nous avons combattu et regretté, quant à nous, la demande de garanties pour l'avenir, adressée à la Prusse, non qu'elle fût absolument *inutile*, *exceptionnelle* ou *blessante*, suivant les observations de M. de Gramont (3), mais parce qu'elle ne nous semblait pas rigoureusement nécessaire. Malgré les conséquences du rejet de cette demande, M. Ollivier hésitait encore dans la journée du 14 juillet, et le même jour, à cinq heures du soir, l'Empereur, sur la fin d'un conseil qui durait depuis midi, avait accueilli avec une émotion extraordinaire de satisfaction, la pensée de demander le règlement, par un congrès, de la difficulté entre la France et la Prusse. MM. Louvet et Segris avaient manifesté à plusieurs reprises des tendances pacifiques. MM. Plichon et de

(1) Le baron Stoffel s'est servi, dans un de ses mémoires, de l'expression de *muraille de la Chine*, expression qui n'a malheureusement rien de trop fort, pour marquer l'effet produit par le Rhin sur la portée de certaines intelligences françaises.

(2) Que le lecteur nous dispense de commenter cette expression avec les détails qui seraient nécessaires, en nous permettant de dire, d'ailleurs, qu'il n'y a eu en France, à presque aucune époque, de cabinets *parlementaires* dans toute la rigueur du mot, ou dans lesquels l'influence du souverain n'ait pas été très-grande !

(3) V. l'ouvrage intitulé *la France et la Prusse*, p. 141 à 143.

Parieu (1) résistaient fortement à la pensée de voir sortir la guerre, malgré le succès promis par les chefs militaires, de l'incident qui semblait dénoué par le retrait de la candidature du prince de Hohenzollern.

Le cabinet, divisé (2), fut cependant presque en totalité enlevé dans un nouveau conseil tenu à Saint-Cloud vers dix heures du soir, le 14 juillet, conseil dans lequel les télégrammes par lesquels M. de Bismark avait annoncé à divers ministres allemands près des cours étrangères le refus du roi de Prusse de recevoir M. Benedetti, furent considérés comme une insulte diplomatique à l'adresse de la France et avaient produit l'émotion la plus vive, notamment sur MM. Ollivier et de Gramont, qui avaient la direction de la situation.

Cet incident, très en rapport avec les susceptibilités de notre caractère national sur le point d'honneur, contribua aussi beaucoup à l'émotion du Sénat et d'une grande partie du Corps législatif dans les séances du lendemain. Cette émotion était telle qu'une attitude du ministère, différente de celle qu'il avait prise, semblait à quelques-uns devoir simplement aboutir à l'éclosion plus précoce

(1) Ce dernier, conseiller aussi peu écouté du Pouvoir en 1870 que des républicains en 1848, saisit encore l'occasion d'appuyer, après le conseil du 14 juillet au soir, l'acceptation d'une transaction offerte par un Etat neutre. Il consigna, dès le mois de juillet, dans un article consacré à la mémoire du baron de Hock, imprimé dans le cahier du *Journal des Economistes* du 15 août 1870, la douloureuse contrariété que la guerre imposait à ses tendances pacifiques ; il s'efforçait de lui donner pour but ce que le duc de Gramont déclarait à ses collègues poursuivre comme résultat de la lutte : à savoir la création d'un Etat neutre dans la région rhénane.

(2) En recueillant tout ce que nous avons pu savoir sur les discussions hâtives et brûlantes qui ont, du 6 au 15 juillet, précédé la déclaration de guerre de 1870, nous nous trouvons très-loin des détails curieux qu'a pu raconter le comte de Ségur sur les opinions diverses émises dans les conseils de Napoléon Ier avant cette autre guerre de 1812, qui avait amené aussi la chute d'un autre Empire. (V. l'*Histoire de Napoléon et de la Grande-Armée, pendant l'année* 1812, livre II, chap. I et II.)

d'un cabinet analogue à celui qui fut formé le 10 août suivant, et où se sont trouvés réunis les députés qui, comme MM. J. David et Duvernois, pressaient, au commencement de juillet, M. Ollivier de leurs interpellations impatientes.

Malgré des observations courageuses de M. Thiers, discutant, au point de vue diplomatique, l'insuffisance qu'il trouvait dans les motifs de la guerre, le Corps législatif, après avoir entendu, de la bouche du marquis de Talhouët, le rapport d'une de ses commissions, dans le sein de laquelle les ministres influents et spéciaux avaient été seuls appelés, vota à la presque unanimité les crédits destinés aux opérations militaires. Le *Journal officiel* contient les discours, de nuances un peu différentes, qui furent adressés par les présidents du Sénat et du Corps législatif à l'Empereur, et dont certains accents furent extrêmement belliqueux. Le ministère se montra même choqué de la véhémence des paroles prononcées au nom du Sénat.

Quant au chef de l'Etat lui-même, on a assuré qu'il avait prononcé, non-seulement dans son cœur mais de ses lèvres, le 14 juillet, l'*alea jacta est ;* toutefois, dans les douze jours qui s'écoulèrent entre cette date et son départ pour Metz, il est probable qu'il se passa, au fond de son âme concentrée, bien des émotions dont nul autre que lui n'a peut-être le secret tout entier.

Les déceptions diplomatiques se produisirent successivement. La Bavière, après une courte hésitation, se prononça vivement contre nous. L'Autriche, manquant aux espérances du neveu, comme jadis à celles de l'oncle, prit une attitude purement expectante, et se borna à former sur la frontière prussienne quelques corps d'observation (qui furent dissous après notre défaite à Wœrth). Le Gouvernement italien ne parut pas disposé à épouser la reconnaissance manifestée au nom de Victor-Emmanuel personnellement.

L'Empereur fit entendre des paroles remarquées sur

les longueurs probables et les difficultés de la guerre : il s'inquiéta de la situation des fortifications de Paris et ordonna de presser les travaux complémentaires de la défense de la capitale, commencés à Montretout et dans la presqu'île de Gennevilliers. Une personne qui l'approchait racontait avoir remarqué un jour sur ses traits une expression qu'elle n'y avait jamais trouvée, sinon une fois aux plus mauvais moments de l'expédition mexicaine. A d'autres instants, on était surpris de l'entendre rappeler et sembler vouloir imiter certaines dispositions prises par Napoléon Ier en 1815, au dernier moment de sa fortune expirante. Peut-être y avait-il lieu de dire de lui à ce moment solennel, avec le poëte antique :

..... *Ingemuit rector, sensitque Deorum*
Esse dolos, et fata suæ contraria menti.

Tout porte donc à croire qu'au moment où l'Empereur quitta, le 28 juillet, à dix heures du matin, le parc de Saint-Cloud, en évitant de se mettre en contact avec l'émotion fiévreuse de la capitale, émotion qui devait surpasser, disait-on, tout ce qu'on avait vu lors du départ de la guerre d'Italie, et tandis que le chant de la *Marseillaise* alternait dans les rues de Paris avec les cris : *A Berlin*, la confiance intérieure du souverain était quelque peu ébranlée. Nous avons entendu raconter en détail ce départ d'un palais qui devait être bientôt incendié par la guerre. Il nous a été donné d'entrevoir l'attitude de plusieurs personnages de cette scène, et surtout une sorte d'abattement fatidique dont parut enveloppé le souverain, qui abandonnait, revêtu de la tunique militaire, les lieux témoins pour lui, pendant vingt années, d'un gouvernement civil prospère. Au début d'une journée magnifique, l'Empereur, triste et appesanti, le prince Napoléon, agité et colère, sortirent avec leur suite de ce palais, sur lequel le fléau de la guerre devait sitôt réfléchir ses ravages.

L'Empereur crut cependant, suivant ce qui était depuis longtemps annoncé, devoir emmener avec lui son fils. On faisait lire, dit-on, au jeune prince le spécieux et intéressant ouvrage couronné quelques années auparavant par l'Académie française, et qui a été destiné à établir, dans le sens d'aspirations séculaires incontestables, mais cependant aussi contre l'opinion de Turenne et de Carnot, que la rive gauche du Rhin est nécessaire à la frontière du nord-est de la France (1).

On sait que malheureusement l'infériorité de notre armée, par rapport à l'armée allemande, celle-ci soutenue par un enthousiasme national immense, fut démontrée bientôt sous divers rapports.

Quant à son organisation d'abord, la garde nationale mobile, supplément important de l'armée régulière, créé par la récente loi militaire, avait rebuté et presque effrayé, avant la déclaration de guerre, le maréchal Le Bœuf, par le caractère tumultueux et indiscipliné de ses premières réunions. Ce grave inconvénient, triste fruit de la fermentation politique croissante en France depuis quelques années, ne disparut pas, comme il était permis de l'espérer, lorsque la difficulté de la lutte se dessina davantage. Il persista et éclata même au camp de Châlons lorsque nos premiers revers obligèrent à faire un appel sérieux à ce second ban de notre armée.

Il fut aussitôt bien aisé, sous d'autres aspects, de voir que notre garde mobile avait une double infériorité par rapport aux landwehrs prussiennes, celles-ci composées d'hommes ayant subi un premier apprentissage militaire, et de plus intimement liées par leur organisation avec les divisions de l'armée régulière (2).

(1) *Les frontières naturelles de la France*, par M. Lavallée.
(2) Voir à ce sujet l'opuscule intéressant intitulé : *l'Armée prussienne en* 1870. Paris, Amyot. Juillet 1870.

D'autre part, la tactique des généraux français, surtout dans les débuts de la guerre (car l'expérience apprend que les vainqueurs sont destinés souvent à faire l'éducation des vaincus), n'eut point le caractère logique et scientifique de celle des chefs allemands, et ne fut pas aussi bien appropriée que cette dernière aux changements majeurs apportés dans l'efficacité des armes à feu (1).

L'infériorité de nos officiers en connaissances géographiques et spéciales fut aussi remarquée.

Enfin notre soldat lui-même, malgré sa bravoure et son élan traditionnel dont il a donné de nouvelles preuves, manifesta en diverses occasions une indiscipline extrême dont les symptômes avaient été déjà observés depuis quelque temps et qu'on a pu au moins partiellement attribuer au développement excessif des idées d'indépendance liées à la pratique du suffrage universel.

Ajoutons que si les *chassepots* et, dans une moindre

(1) Un article dû à la plume d'un officier d'état-major autrichien, reproduit de la *Wiener Presse* par la *Gazette d'Augsbourg*, du 12 septembre 1870, fait ressortir avec beaucoup de force la convenance des attaques sur les ailes de l'ennemi (*Ueberfluegelung*), par des troupes munies d'armes nouvelles, suivant la pratique prussienne de 1866 et de 1870, préférablement aux attaques de front brisant la ligne ennemie, attaques si souvent pratiquées avec succès par Napoléon Ier. Ces observations expliquent aussi, suivan nous, la difficulté extrême de ces trouées, qu'une opinion publique imparfaitement éclairée a paru s'étonner de n'avoir pas été faites par tel ou tel corps de nos armées, après avoir été cerné. Une action offensive de la part d'une troupe exposée à des feux d'une intensité au moins décuple de ce qu'elle était dans les guerres de Napoléon Ier, si on tient compte à la fois de la portée et de la rapidité du tir, est souvent impossible aujourd'hui dans les situations où elle était praticable, lorsque le recours à l'arme blanche n'était pas précédé et souvent paralysé par ces feux destructeurs.

Nous sera-t-il permis d'ajouter que cette tactique déployée sur les ailes de l'ennemi semble être une tradition du grand Frédéric? (V. l'article rare de M. Thiers sur Gouvion Saint-Cyr, dans la *Revue française* de 1830.)

mesure aussi les *mitrailleuses*, n'ont pas démenti l'opinion conçue à l'égard de leur supériorité sur les armes de l'ennemi, un développement et un perfectionnement considérable de l'artillerie ont annulé, au profit des Allemands, l'avantage partiel relatif à la mousqueterie, dans lequel nos chefs paraissent avoir eu beaucoup trop de foi.

Les détails stratégiques ne sont pas dans le plan de cet écrit, et nous n'avons voulu que résumer les causes générales de ces échecs successifs, qui surtout, dans la seconde moitié d'août, ont amené ou du moins préparé la catastrophe militaire de Sedan, après laquelle une révolution opérée dans Paris a rappelé, pour la quatrième ou cinquième fois dans notre siècle, la fragilité des pouvoirs constitués en France.

Peut-être eût-il été alors de l'intérêt de la France d'accepter des conditions de paix même déjà dures. Mais la France n'appartint plus bientôt qu'à ces impressions passionnées qui font une grande partie de l'existence morale des peuples démocratiques, lorsque surtout leur gouvernement régulier s'efface et que les exigences des masses excluent les appréciations formées de sang-froid et de haut. Le sentiment populaire s'est réuni à l'instinct des nouveaux gouvernants délégués à Bordeaux pour réclamer la continuation d'une lutte qui n'a fait qu'agrandir nos échecs, tout en protégeant la réputation de l'énergie nationale aux yeux de l'opinion européenne, résultat que nous n'entendons pas dédaigner.

Il est temps de résumer, d'après les considérations qui précèdent, les causes de nos malheurs, et de déduire les conséquences de l'examen rétrospectif auquel nous nous sommes livré.

Un esprit superficiel cherche opiniâtrément, dans des circonstances secondaires, l'origine des événements. L'observateur qui s'élève aux causes générales trouve souvent dans le même tronc la base des ramifications diverses qui recouvrent l'ensemble d'une situation.

Les malheurs de la France, en 1870, peuvent être partiellement imputés, cela est incontestable, à telle ou telle personnalité, à telle ou telle méprise, à telle ou telle négligence administrative, à telle ou telle faute militaire.

Napoléon III, en particulier, a été séduit par les aspirations de sa vie entière, par ses traditions de famille, par une confiance outrée dans sa fortune, et peut-être dans celle de la démocratie, comprise suivant certaines traditions françaises, et dont il se considérait comme le représentant. Mais il avait incomplétement sondé les replis du terrible Protée en présence duquel l'Europe reste hostile ou défiante depuis quatre-vingts ans. Il a été ainsi entraîné à choisir parmi les dangers divers qui le menaçaient en 1870, celui qui était le plus immédiat, le plus coûteux, au moins tout de suite, à l'humanité. Il n'est pas arrivé à se rendre un compte exact des ressources de son adversaire, et a négligé, probablement pour une majorité de conseils ardents et optimistes, quelques avis défiants qu'il eût dû mieux approfondir (1).

Le ministère qui l'entourait ne put être au niveau de la tâche redoutable qui lui incomba à l'improviste de contrôler avec autorité des pensées de guerre fermentant depuis longtemps dans une sphère en dehors de son action, pensées excitées par les provocations de l'incident hispano-prussien, et acceptées par une grande partie des membres des deux Chambres (2).

Mais il serait puéril de ne pas voir aussi toute la part

(1) On a lu dans le *Journal des Débats* du 24 mars 1870 un passage du *Journal de Genève*, ainsi conçu, au sujet des rapports de l'attaché militaire de la France à Berlin :

« La franchise du colonel Stoffel ne put pas résister aux assauts répétés d'un entourage composé de gens peu sincères, infatués d'eux-mêmes, légers et ignorants ; ils le firent passer pour un *prussomane* que M. de Bismark avait accaparé. » Cette dernière assertion du *Journal de Genève* est, d'après nos renseignements, rigoureusement conforme à la vérité.

(2) A nos yeux, il en eût été probablement de même de tout ministère pris dans les éléments gouvernementaux du temps.

qui appartient à la division des opinions et à l'irréconciliabilité des partis en France, dans les causes de nos infortunes.

Là position du gouvernement d'un peuple partagé en des courants contraires, et chez lequel ceux-là mêmes qui avouent un but n'en savent pas toujours vouloir les moyens, est singulièrement difficile et cruelle. C'est le sort du navigateur jeté sans boussole sur une mer difficile.

La mission de la dynastie napoléonienne semble avoir été deux fois d'essayer la transformation de la démocratie française en lui créant des moyens d'expansion extérieure.

Lorsque Napoléon III fit la guerre d'Italie, il fut accompagné par un enthousiasme immense. En 1870 il manifesta lorsqu'il partit, en évitant de traverser Paris, la crainte que le même enthousiasme ne fût poussé jusqu'au désordre.

Il est vrai cependant qu'une partie de l'opposition de gauche désavouait la résolution guerrière de l'Empereur; mais en contrariant ainsi sa politique, elle se réservait de lui imputer la responsabilité de tout ce qui pouvait choquer les susceptibilités de l'amour-propre national.

Ainsi, le fait d'avoir en quelque sorte subi la victoire de Sadowa était devenu la base d'un reproche habituel de l'opposition au gouvernement de l'Empereur, et il ne paraît pas douteux que ce dernier n'ait cherché dans la guerre de 1870 le moyen de désintéresser l'orgueil d'une partie de la nation, grossi à ses yeux par les préoccupations de l'esprit de famille dont nous l'avons vu si souvent inspiré. Il croyait devoir entretenir, d'une manière jalouse, ce prestige particulier qui nuance un *Empire* d'avec une *Royauté*, et il n'apercevait pas l'arrêt mystérieux qui le menaçait de transmettre ce prestige à son vainqueur.

En même temps que plusieurs des représentants de

l'opposition ont en réalité poussé indirectement le souverain à la guerre, ces mêmes hommes ont peu favorisé le développement des ressources militaires à sa disposition.

Lors de la discussion militaire de la loi de 1868, dont le vote fut reproché, on le sait, si vivement à plusieurs députés de la majorité, l'opposition démocratique fit parade des théories, qu'elle ne parut point avoir désertées encore après nos plus grands revers, sur l'inutilité des armées permanentes et sur la suffisance des levées en masse pour les ressources militaires du pays. Ces théories, que M. Thiers a toujours repoussées, en dédaignant même par un excès inverse la création de la garde mobile, sont empruntées aux traditions actuelles de l'Amérique du Nord, qui les aurait depuis longtemps abandonnées, si elle avait, au lieu du Canada et du Mexique, une Prusse sur ses frontières, et qui même y avait déjà dérogé dans la longue guerre dont est sortie son indépendance (1).

Malgré l'inopportunité de ces théories, l'opposition démocratique n'est certes pas seule responsable de l'insuffisance de nos armées en face de celles de l'Allemagne. Les mœurs générales du pays n'étaient point préparées évidemment en 1868 à une imitation du militarisme prussien, combiné avec ces habitudes d'obéissance rigoureuse qui semblent correspondre au génie de la race allemande.

Privée de ce dernier avantage, l'organisation de la garde nationale mobile, en passant des mains mourantes du maréchal Niel dans celles du maréchal Le Bœuf, se trouva ralentie non-seulement peut-être par l'exclusivisme des militaires de profession, mais aussi par suite des craintes que l'indiscipline de cette jeune milice avait fait naître après les premières réunions qui en avaient été formées à Paris.

(1) Voyez l'*Histoire de Washington*, par Cornelis de Witt, 5e édition, p. 103.

Pressant le Gouvernement par les exigences d'une popularité capricieuse, le menaçant de voir ses contingents et son budget militaire réduits, harcelant au Corps législatif le ministère de la Guerre par des interpellations sur des questions de caserne, la démocratie minait sourdement, sans en peser elle-même les conséquences complètes, la discipline de nos soldats de divers rangs; et presque dès le commencement de la guerre, divers faits ont mis en relief l'affaiblissement de ce lien nécessaire à la force des armées.

Le principe populaire introduit à haute dose depuis 1848 dans notre constitution, et fortifié indirectement depuis 1860 par les initiatives singulièrement confiantes de l'Empereur lui-même et par l'instinct du Corps législatif et du pays, n'a pas exercé une influence plus favorable sur la force de l'administration publique en France.

Dès 1860, la prépondérance de la tribune s'est rétablie, et le pouvoir est devenu ce qu'il n'est dans aucun grand Etat du continent européen, nous dirions même volontiers, à certains égards, de l'*Europe* (1) : le prix presque exclusif d'une facilité oratoire souvent séparée d'une valeur intellectuelle et morale d'égale mesure. Il y a cela de particulier dans certaines influences exagérées de l'esprit démocratique, qu'elles dédaignent la pensée grave et ont toute espèce de faiblesses pour la loquacité.

Je m'arrête devant d'honorables, de malheureux souvenirs. Mais qui ne voit ce que peut devenir le gouvernement d'un grand pays, lorsque le premier rang y semble assigné presque comme au théâtre par certaine supériorité dans l'art d'impressionner un auditoire ?

Pendant que MM. Billault, Rouher et Ollivier se passaient un sceptre fragile, toujours suspendu à la solidité de leur organe oratoire, et que le maréchal Le Bœuf

(1) E. de Parieu, *Principes de la science politique*, p. 190.

lui-même recueillait par son élocution nette et souvent spirituelle les applaudissements du Corps législatif, M. de Bismark et le stratégiste profond dont on prétend qu'il se *tait en sept langues*, M. de Moltke, établissaient avec le moins de phrases possible la supériorité d'une pensée persévérante dans la diplomatie et dans les plans militaires de nos voisins.

L'excès des préoccupations oratoires peut devenir une cause d'affaiblissement pour le gouvernement d'un pays, lorsqu'il est surtout combiné avec une concession de droits politiques précoce, chez une nation un peu moins préparée peut-être à leur exercice qu'elle ne le croit dans sa bonne foi généreuse.

C'est là une des causes qui, rapprochée de nos aspirations discordantes et de nos révolutions successives, a diminué tout à la fois notre force et les sympathies des nations nos voisins, un peu insensibles, dit-on, au spectacle de nos revers, et qui nous accusent peut-être, dans leurs vieilles rancunes, d'être plus dégoûtés de la défaite que de la guerre elle-même.

Le système des relations de la France avec l'Europe est un sujet si grave, qu'on doit s'en expliquer avec une égale franchise avec les peuples et avec les souverains, bien qu'à l'égard des uns comme des autres le langage du courtisan soit souvent plus facile et plus profitable que celui de l'ami de la vérité.

Il est séduisant pour un peuple intelligent et fier de régler sa constitution et ses lois sans aucun égard pour la situation des peuples qui l'avoisinent. C'est son droit absolu, mais son droit que la politique lui conseille de ne pas pousser à l'extrême.

Quelle que soit l'indépendance de la France relativement aux autres Etats du continent européen, il est à remarquer combien ses révolutions, en apparence tout à fait intérieures, ont été influencées par la nature des relations de son gouvernement avec les gouvernements étrangers.

Quand la France impériale a cherché, au commencement de notre siècle, à assujettir l'Europe, cette ambition a abouti en 1814 et 1815 à des répressions dont l'amour-propre patriotique a méconnu la dure justice, sans que la philosophie de l'histoire soit tenue de souscrire complétement à cette appréciation nationale.

Lorsque, sous le gouvernement substitué au premier empire, des relations amicales ont été renouées avec les grandes puissances européennes, l'opinion libérale et démocratique s'est irritée de l'intimité des rapports avec les vainqueurs de la veille. Elle s'est plue à évoquer le souvenir de la gloire dominatrice du premier Empire, isolé du rappel et surtout de l'acceptation des réactions douloureuses qui en avaient découlé.

Le régime nouveau de 1830 établit ou subit un système nouveau de relations extérieures avec les grands Etats du continent, relations froides et gênées, mais sans hostilité déclarée. L'isolement qui, naturellement, en résulta pour la France, devait imposer à sa politique étrangère des allures un peu timides, dont le caractère national s'offensa souvent, en répudiant ce qu'on lui disait constituer une recherche de la paix à tout prix.

On réprouva les conséquences de la froideur comme on avait redouté l'intimité, en oubliant un peu qu'on n'avait pu antérieurement soutenir l'attitude de la domination, appuyée même sur la force de l'épée et sur le génie du grand capitaine.

Ce fut après ces précédents que le second Empire eut à chercher dans la politique étrangère une voie qui, par une sorte de rotation fatale, le ramenait presque forcément à se rapprocher du premier des trois termes dont les Bourbons avaient essayé les deux autres, sans contenter les exigences de l'esprit national, au moins interprétées par les classes les plus influentes sur la politique nouvelle. Aussi ce fut, si nous sommes bien informé, dans les centres démocratiques des grandes villes que la déclaration de guerre adressée à la Prusse en 1870 fut acceptée avec le plus d'enthousiasme.

On a dit que Napoléon Ier avait été le représentant de la révolution armée. Mme de Staël l'a appelé avec quelque exagération fantaisiste : *un Robespierre à cheval*.

Il n'en pouvait être tout à fait de même de Napoléon III. Il y avait pour l'éducation et les alliances une assez grande distance entre, d'une part, l'ancien élève de Brienne, l'ancien général de la Convention, et d'autre part, le neveu de Napoléon, le fils du roi de Hollande, ayant de bonne heure vu des alliés de sa famille autour des trônes de Carlsruhe, de Stuttgard, de Stockholm, de La Haye, de Saint-Pétersbourg.

Nous serions porté à croire que Napoléon III a le tempérament plutôt princier que révolutionnaire ; et peut-être tout en se considérant comme un *parvenu*, ainsi qu'il lui est arrivé de le déclarer publiquement, avait-il un peu de cette position qu'eût enviée cet oncle qui regrettait de n'être pas *son propre petit-fils*.

Et toutefois, malgré la différence des tempéraments et des situations, malgré les efforts faits pour modifier par des variantes considérables la politique napoléonienne, j'oserais dire que la *mélodie* (qu'on me passe la métaphore) est restée fatalement la même et que le musicien n'a pu, malgré des *points d'orgue* considérables et des accompagnements très-adoucis, échapper à la dangereuse signification d'un air qui constituait une dissonance violente d'avec l'ensemble des traditions européennes, et une cause d'alarme pour nos principaux voisins. Les lenteurs et les ménagements de Napoléon III, son désir de voiler et d'adoucir sa politique par de longs intervalles de paix et de courtoisie envers les vaincus, ont témoigné d'instincts sagement défiants, mais ont peut-être tourné, au fond, contre lui. Ces précautions l'ont amené, vieilli par de longues patiences, au soutien tardif d'une lutte, dont sa santé lui permettait moins de dominer les préoccupations et les fatigues (1), contre un pays dont les chefs surent tourner à leur profit le temps que la modération ou l'indécision leur laissa, en accumulant des ressources dépassant toutes nos prévisions.

Si l'isolement ou l'hostilité à l'égard de l'Europe a été en France, depuis 1793, le sort des gouvernements qui n'ont pu se tenir au-dessus des exigences de la popularité, on comprend assez comment ces gouvernements n'ont pu contracter sur le continent aucune alliance sérieuse pour les protéger contre le danger de leur attitude.

Qu'on fasse donc, pour résumer une partie du contraste dont nous avons cherché à saisir plusieurs traits, la redoutable comparaison de la situation des deux grandes nations que la guerre de 1870 a mises en présence !

Tandis que la nation allemande, appuyée de sympathies avouées dans la région du nord de l'Europe, s'est avancée au combat, unie et forte, sous la direction d'un roi suivi d'un corps d'officiers fidèles représentant l'aristocratie et la bourgeoisie du pays, et d'une troupe à la fois très-disciplinée et soutenue par le sentiment nouveau et populaire de l'unité germanique (2), la France isolée

(1) Le moral de l'homme qui a gouverné le plus longtemps la France dans notre siècle sera étudié nécessairement par l'histoire. Ce qu'on a trouvé énigmatique chez lui était peut-être le résultat de l'opposition entre la tâche héréditaire qu'il avait assumée et sa véritable nature. Il est probable que l'histoire constatera chez le second Empereur plus d'aptitudes littéraires, artistiques et à certains égards diplomatiques, que des instincts administratifs et militaires, qui signalaient surtout son oncle illustre. Le contraste des caractères était plus frappant encore à ce que nous croyons, et, à certains égards, beaucoup plus favorable à la courtoisie bienveillante, à l'humeur calme et inaltérable de Napoléon III. Mais on doit laisser la parole, sur ces points délicats, au *petit* nombre de ceux qui ont été ses confidents et qui, sans doute, s'expliqueront un jour à ce sujet, avec le respect dû tout à la fois à la vérité et à l'infortune.

(2) « Tous les éléments de force se trouvaient combinés en Alle-

a vu immédiatement les divisions de l'esprit de parti affaiblir son armée et son esprit public.

Des corps de gardes mobiles quittaient, au mois de juillet 1870, Paris en poussant des cris séditieux. Dans l'intérieur du pays on voyait, un peu plus tard, les citoyens de certaines classes soumis aux plus absurdes et plus dangereux soupçons de connivence avec l'étranger, dont, à l'honneur de la France, on n'a pu constater un seul exemple. Il suffisait pour ces déplorables aberrations qu'on supposât à ces citoyens, sur l'avenir intérieur du pays, des inquiétudes que l'installation à Lyon d'un drapeau autre que le drapeau national semblait avoir en même temps pour résultat naturel de justifier ou tout au moins d'excuser.

Le changement de gouvernement opéré à la suite de la capitulation de Sedan, a pu faciliter à la défense nationale quelques mesures plus énergiques que celles dont les gouvernements réguliers prennent la responsabilité; il a fait espérer à quelques-uns le retour d'un enthousiasme qui, en d'autres temps, avait paru commander la victoire.

La France a combattu avec courage, mais l'enthousiasme n'a pas complétement répondu à l'évocation politique qui l'attendait et aux exigences manifestées par beaucoup d'organes de la presse surexcitant l'amour-propre national, exagérant et envenimant les responsabilités (1), transformant tous les revers en trahisons, et

magne: une puissante monarchie héréditaire, une aristocratie militaire plus susceptible (*amenable*) d'instruction scientifique que la plupart des aristocraties, et un peuple se levant avec enthousiasme pour une nouvelle ère d'unité et de puissance nationale. » C'est ainsi que s'exprimait avec raison l'*Economist* anglais du 19 décembre 1870, p. 1395.

(1) Le *Quarterly Revie*, dans un de ses numéros de 1870, n'a pas craint de jeter à quelques éléments de notre population, à ce sujet, la citation du poëte latin au sujet du peuple de Rome :

Turba Remi sequitur fortunam semper et odit
Damnatos.....

agitant sans examen sérieux les plus brillantes espérances de revanche. Il est douteux, au reste, que l'enthousiasme même de 1793 eût prévalu contre des progrès militaires effectués en silence par une nation très-différemment organisée de ce qu'étaient au siècle dernier les populations qu'elle a agrégées. Ces populations luttaient alors d'ailleurs contre la France animée par l'enthousiasme de conquêtes politiques récentes et importantes, et encore armée des mœurs viriles formées par l'éducation de nos pères.

D'autre part, la forme républicaine dessinée de plus en plus par le gouvernement de la défense nationale, a rendu peut-être plus profonde la séparation entre la France et les grands Etats neutres en position de devenir médiateurs.

En résumé, la division extrême des partis en France a contribué puissamment à amener la guerre de 1870, commencée par un gouvernement cherchant comme un soutien nécessaire de son existence, appuyée sur le suffrage populaire, les tendances indécises de l'esprit national.

Cette même division a affaibli nos ressources pour la lutte et nos chances d'appui extérieur.

Nous laisserons-nous aller au désespoir, en nous appliquant cette réflexion du philosophe italien qui a posé comme une sorte de loi historique fréquente, l'assujettissement à l'étranger des nations menacées par l'anarchie intérieure (1)?

Non ! le mal qui résulte dans un pays de quatre-vingts ans de révolutions est sans doute profond, mais l'enseignement des épreuves est grand et les réflexions d'une pensée virile peuvent y apporter, si elle s'éveille surtout de divers côtés, un concours efficace et utile. La réflexion profonde et calme fait tôt ou tard briller pour les peuples malheureux une étoile de salut.

(1) Qui ne peut se gouverner obéira, a dit des nations Vico, interprété par Michelet.

De quoi résulte cette division déplorable des opinions et des partis dans notre pays, sinon de la fougue des idées et de l'emportement des passions égoïstes qui conseillent les partis pris déraisonnables, les irréconciliabilités absurdes, les critiques aveugles et contradictoires, les oppositions sans bonne foi ?

La recherche sincère de la justice et de la vérité n'évite pas toutes les divergences, mais elle en diminue la portée.

La passion qui produit la violence et qui en ressort tour à tour exclut toute possibilité de rapprochement entre les citoyens, et peut condamner un pays à des discordes éternelles.

Ne comptez pas sur la discussion publique pour les éteindre. Corrompue trop souvent par l'esprit de système, par le sophisme, par l'injure, la parole risque d'aggraver la divergence des sentiments, au lieu de la faire disparaître (1).

La réflexion attentive sur les événements récents, l'étude des mérites et des ressources de l'étranger, la recherche calme, approfondie et presque religieuse de la vérité, la modération imposée aux caractères politiques, l'appel à toutes les conciliations loyales, le *recueillement* accompagné de réflexions sérieuses sur l'histoire de nos quatre-vingts dernières années et sur les causes de nos malheurs, tels sont, suivant nous, les remèdes indispensables pour permettre à la France de se reconstituer et de se régénérer en paix.

(1) « La science unit les hommes : les passions et les caprices les divisent. En politique, la science peut diminuer le désaccord et contribuer à ce rapprochement des esprits qui fait le bonheur d'un peuple au dedans et sa puissance au dehors. Elle donne à la fois le motif des subordinations transitoires mais nécessaires, et la raison des espérances de l'avenir. Elle enseigne le vrai, d'où résulte la mesure du possible. » (Parieu, *Principes de la Science politique*. Introduction, p. 18.)

Et quant à l'Assemblée qui nous semble presque la continuation de celle de 1851, à certains égards, avec l'héritage de quelques ruines mais aussi de quelques expériences de plus, puisse-t-elle, s'habituant progressivement par les difficultés de son œuvre au jugement équitable des divers gouvernements précédents, s'attachant aussi à déraciner les idées fatales de fausse gloire si longtemps flattées parmi nous, parvenir à fonder ce terrain commun de patriotisme, de sagesse et de concorde qui peut, mieux que la lame de l'épée ou le marbre de la tribune, servir un jour en France de base à une constitution durable!

Le Mans. — Imprimerie Edmond Monnoyer. — Juillet 1872.

www.ingramcontent.com/pod-product-compliance
Ingram Content Group UK Ltd.
Pitfield, Milton Keynes, MK11 3LW, UK
UKHW020221200726
13856UKWH00004B/1541